BEI GRIN MACHT SICH IHR WISSEN BEZAHLT

- Wir veröffentlichen Ihre Hausarbeit, Bachelor- und Masterarbeit

- Ihr eigenes eBook und Buch - weltweit in allen wichtigen Shops

- Verdienen Sie an jedem Verkauf

Jetzt bei www.GRIN.com hochladen und kostenlos publizieren

Bibliografische Information der Deutschen Nationalbibliothek:

Die Deutsche Bibliothek verzeichnet diese Publikation in der Deutschen Nationalbibliografie; detaillierte bibliografische Daten sind im Internet über http://dnb.d-nb.de/ abrufbar.

Dieses Werk sowie alle darin enthaltenen einzelnen Beiträge und Abbildungen sind urheberrechtlich geschützt. Jede Verwertung, die nicht ausdrücklich vom Urheberrechtsschutz zugelassen ist, bedarf der vorherigen Zustimmung des Verlages. Das gilt insbesondere für Vervielfältigungen, Bearbeitungen, Übersetzungen, Mikroverfilmungen, Auswertungen durch Datenbanken und für die Einspeicherung und Verarbeitung in elektronische Systeme. Alle Rechte, auch die des auszugsweisen Nachdrucks, der fotomechanischen Wiedergabe (einschließlich Mikrokopie) sowie der Auswertung durch Datenbanken oder ähnliche Einrichtungen, vorbehalten.

Impressum:

Copyright © 2017 GRIN Verlag, Open Publishing GmbH
Druck und Bindung: Books on Demand GmbH, Norderstedt Germany
ISBN: 9783668458635

Dieses Buch bei GRIN:

http://www.grin.com/de/e-book/367335/ist-der-arbeitskraftunternehmer-der-neue-leittypus-unserer-gesellschaft

Anonym

Ist der "Arbeitskraftunternehmer" der neue Leittypus unserer Gesellschaft und welche Gefahren birgt er?

GRIN Verlag

GRIN - Your knowledge has value

Der GRIN Verlag publiziert seit 1998 wissenschaftliche Arbeiten von Studenten, Hochschullehrern und anderen Akademikern als eBook und gedrucktes Buch. Die Verlagswebsite www.grin.com ist die ideale Plattform zur Veröffentlichung von Hausarbeiten, Abschlussarbeiten, wissenschaftlichen Aufsätzen, Dissertationen und Fachbüchern.

Besuchen Sie uns im Internet:

http://www.grin.com/

http://www.facebook.com/grincom

http://www.twitter.com/grin_com

Ist „Arbeitskraftunternehmer" der neue Leittypus unserer Gesellschaft und welche Gefahren birgt er?

Inhaltsverzeichnis

1. Einleitung 3
2. Historische Entwicklung der „Typen" von Arbeitskraft und „Arbeitskraft als Ware" 4
    2.1 Der proletarisierte Lohnarbeiter 5
    2.2 Der verberuflichte Arbeitnehmer 5
3. Der verbetrieblichte Arbeitskraftunternehmer 7
    3.1 Selbst- vermarktung und Rationalisierung 7
    3.2 Selbst-Kontrolle 8
    3.3 weitere Anzeichen des Arbeitskraftunternehmeransatzes 9
4. Folgen des Arbeitskraftunternehmers als neuen Leittypus und Kritik 10
5. Fazit 10

1. Einleitung

In den vergangenen Jahrzehnten hat sich das Gesamtgefüge der Erwerbsformen auf dem deutschen Arbeitsmarkt stark gewandelt (vgl. Minssen 2000: 9). Das Normalarbeitsverhältnis, als zentrale Erwerbskategorie und definiert als abhängige, unbefristete Lohnarbeit, die in Vollzeit erbracht wird und die volle Integration in die sozialen Sicherungssysteme umfasst, hat in absoluten Zahlen stark abgenommen (vgl. Elster 2007: 9). Hingegen gibt es eine starke Zunahme an atypischer Beschäftigungsverhältnisse wie Teilzeitbeschäftigte, geringfügig Beschäftigte, Soloselbstständige, Leiharbeit und befristete Beschäftigungen (vgl. Mields 2009: 15). Mückenberger spricht bereits im Jahre 1985 von der „Erosion der Normalarbeit" (Mückenberger 1985: 415). Es lassen sich aber auch weitere Veränderung feststellen, wie die Zunahme von projektförmiger Arbeit und Netzwerkstrukturen, wie auch die verkürzte Dauer von Arbeitsbeziehungen und Flexibilisierung von Arbeitsinhalten. Die Entgrenzung von Freizeit und Arbeit, als auch die Qualifikation und persönlichen Eigenschaften stehen im Vordergrund (vgl. Mields 2009: 15). Auch das Transformationstheorem von Baverman[1], welche besagt, dass das Ziel jedes Unternehmens sei, die Transformation von Arbeitsvermögen in die effektivste Arbeitsleistung sicherzustellen und vollständig auszuschöpfen wird erklärt (vgl. Elster 2007: 52), dies und die o.g. Faktoren waren Grundlage einen neuen „Typus von Arbeitskraft" zu definieren, der als Arbeitskraftunternehmer bezeichnet wird (Voß / Pongratz 1998: 131). In dieser Arbeit soll sich kritisch mit dem Typus des Arbeitskraftunternehmers auseinandergesetzt und hierbei die Leitfrage beantwortet werden: „Ist der Arbeitskraftunternehmer der neue Leittypus in unserer Gesellschaft und welche Gefahren birgt er?" Zunächst möchte ich gern auf den Aspekt
„Arbeitskraft als Ware eingehen" anschließend Abgrenzungen zwischen den vorangegangenen Typen machen, um dann im nächsten Schritt die charakteristischen Merkmale des Arbeitskraftunternehmers aufzeigen und hiernach die

---

[1] Das Theorem liegt der marxistischen Tradition zugrunde und wurde von Voß und Pongratz folgend genauer beschrieben: *„kauft ein Unternehmen mit der Einstellung von Mitarbeitern (in der Regel) nicht vertraglich eindeutig definierte Tätigkeiten, sondern allein für bestimmte Zeiträume das Potenzial der Person."* (Voß / Pongratz: 1998: 137)

Folgen und die Kritik an dem Typus zu diskutierten (vgl. Pongratz, Voß 2004: 26).

2. Historische Entwicklung der „Typen" von Arbeitskraft und „Arbeitskraft als Ware"

In diesem Teil der Arbeit wird zunächst genauer definiert wie sich das Verständnis von Arbeitskraft verändert hat und der historische Verlauf der unterschiedlichen Typen von Arbeitskraft und ihrer Nutzung dargestellt, um so die Trennschärfe zu erhöhen.

Nach Marx ist die Arbeitskraft bzw. das Arbeitsvermögen der „Inbegriff der physischen und geistigen Fähigkeiten, die in der Leiblichkeit, der lebendigen Persönlichkeit eines Menschen" (Marx 1998: 181). Im kapitalistischen Kontext wird nun die Arbeitskraft als „besondere Ware" gehandhabt, da diese schließlich nicht von der Person zu trennen ist. Wie nun diese Ware „geformt" und auf dem Markt veräußert wird, ist ein zentraler Bestandteil der Arbeitskraftunternehmertheorie (vgl. Voß / Pongratz 1998: 131). Der einfache „Kauf" von Arbeitskraft garantiert zwangsläufig nicht gleich die Arbeitsleistung und in einer gewünschten Qualität (vgl. ebd.: 137).

Zunächst muss klargestellt werden, dass Pongratz und Voß eine Art „Profil" mit bestimmten Merkmalen der Arbeitskraftnutzung herausgearbeitet haben, welche unter bestimmten gesellschaftlichen Bedingung vorherrschten und diese so historisch voneinander abgrenzen konnten (vgl. Voß / Weiß 2009: 68). Weber spricht von der Typbildung als ein analytisches Instrument, um so dem zu untersuchenden Gegenstand charakteristische Elemente zuzuschreiben und sie von einer zunächst rein theoretischen Form von anderen Formen abzugrenzen (vgl. Weber 1968: 65). Die Konstruktion eines Typus soll also kein Abbild der konkreten Realität sein, sondern ist lediglich ein analytisch, theoretischer Maßstab der Wirklichkeit (vgl. Voß / Weiß 2009: 69). So wurden schließlich grob drei verschiedene idealtypische Formen von Arbeitskraft und ihrer Nutzung herauskristallisiert, nämlich die des proletarisierten Lohnarbeiters im Frühkapitalismus über den verberuflichten Arbeitnehmer des Fordismus, bis hin zum verbetrieblichten Arbeitskraftunternehmer des Postfordismus (vgl. Voß 2001: 12).

2.1 Der proletarisierte Lohnarbeiter

Zur Zeit des Frühkapitalismus wurden die Arbeitskräfte vorwiegend aus feudalen Verhältnissen freigesetzt und für die ersten industriellen Produktionsformen genutzt (vgl. Voß 2001: S.12). Der proletarische Lohnarbeiter zeichnete sich vor allem durch seine geringe Erfahrung und Qualifikation aus, seine Arbeitskraft war „roh" d.h. nicht weiter durch Eigeninitiative oder betrieblich gefördert. Die Arbeit war überwiegend physisch zu leisten (vgl. Voß / Pongratz 1998:147). Des Weiteren war die Arbeit eintönig und anspruchslos, um eine bestimmte Arbeitsleistung zu erhalten, wurden stetig, repressive und disziplinierende persönliche Kontrollen vorgenommen. Die Arbeiter zu jener Zeit wurden regelrecht fremdbestimmt und hatten einen standardisierten Arbeitsalltag (vgl. Pongratz / Voß 2004: 26 f.). Arbeitszeiten von bis zu 16 Stunden täglich (vgl. Schneider: 1984: 78) und die somit verbundene reduzierte tagtägliche Erholung, führte zu einer hoch verschleißenden Veräußerung der Arbeitskraft von Arbeitern. Durch fehlende sozialstaatliche
Sicherungsmechanismen und aufgrund der „Austauschbarkeit" der Arbeit war ihre Lebensführung eine höchst unsichere, wobei zudem das ‚hire-and-fire' Prinzip vorherrschte.
Der vergütete Lohn sichert gerade einmal das Überleben (vgl. Voß / Pongratz 1998: 150). Das Familienbild ist stark patriarchalisch geprägt, obwohl Frauen und teilweise Kinder ebenfalls arbeiten mussten (vgl. ebd.: S. 147).

2.2 Der verberuflichte Arbeitnehmer

Das Voranschreiten der Industrialisierung und der Entstehung von sozialstaatlichen Sicherungssystemen sowie einer systematischen, beruflichen Bildung, führte zu einer höheren und weitgehend standardisierten Fachqualifikation, somit veränderte sich der proletarische Lohnarbeiter maßgeblich (vgl. Voß 2001:12). Es folgte nun der Typus des verberuflichten Arbeitnehmer im Kontext des Fordismus[2], welcher bis heute existiert (vgl. Pongratz / Voß 2004: 12).

---

[2] Der Fordismus wurde benannt nach dem amerikanischen Automobilproduzenten Henry Ford. Der "Fordismus" zeichnete vor allem durch das Herstellungsprinzip und die auf ihn zurückgehende Produktionsweise, nämlich Massenproduktion und Fließproduktion (vgl. Schimank 2012: 1).

Ein Gerüst aus Normen und Standards und einer Vielzahl von verschiedenen, einzelnen und optimierten Arbeitsschritten nach dem taylorischen[3] Prinzip ergab ein hohes Maß an Standardisierung. Berufe und Tätigkeitsfelder wurden genau umrissen, typisiert und institutionalisiert (vgl. ebd.: 13).
Die Arbeitskraft wurde zu einer „Massenwaren" aufgrund der standardisierten Berufsform (vgl. Voß / Pongratz 1998: 150).
Kontrollmechanismen, welche vorher persönlich durch einen Vorarbeiter o.Ä. durchgeführt wurden, sind nun teilweise durch strukturelle, technische und organisatorische Kontrollen ersetzt worden[4], denn beispielsweise gibt nun das Fließband die Arbeitsgeschwindigkeit vor und fordert gleichermaßen eine innere

Disziplinierung[5] umso mit dem Fließband „mitzukommen" (vgl. Voß 2001:12).
Die Arbeitsbeziehungen verändern sich ebenfalls grundlegend, aufgrund von kollektiven Interessenvertretungen wie Gewerkschaften und Unternehmerverbänden, als auch durch staatliche geregelte Schutzmechanismen[6] kommt es zu einer Verrechtlichung von Arbeit. Arbeit wird als ein „Einmal-Verkauf" beschrieben, wo das Prinzip „hire and fire vorherrschte. Es wird sich für einen „Lebensberuf" entschieden, also die Entscheidung, für einen Beruf sein Leben lang. Umschulungen und Weiterentwicklungen der Fertigkeiten waren nicht vorgesehen (vgl., Voß / Pongratz 1998: 150). Aber nicht nur die Arbeitsorganisation, sondern auch die Lebensführung ändert sich, es kommt zur Verkürzung von den Arbeitszeiten bis hin zur „40 - Stunden Woche"[7] (Schneider 1984: 88) hinzu kommen die steigenden Löhne (vgl. Voß / Pongratz 1998: 150). Durch die gewonnene Freizeit rückt die meist konsumorientierte Gestaltung der Arbeitnehmer, immer mehr in den Vordergrund (vgl. ebd.: 150). Das

---

[3] Der Taylorismus wurde nach dem US-Amerikaner Frederick Winslow Taylor benannt, welcher mit dem Konzept des „Scientific Management" die Produktionsabläufe weitgehend und flächendeckend standardisierte (vgl. Lohr / Nickel 2009: 7).
[4] Pongratz und Voß sprechen hier hauptsächlich von „sekundären Arbeitstugenden", wie Fleiß, Ordnung und Pünktlichkeit (Voß / Pongratz 2004: 27).
[5] Zunahme an psychosozialen Kontroll- und Motivationsstrategien (vgl. Voß / Pongratz 1998: 150).
[6] Kranken- und Rentenversicherung sind die Norm, im Falle von Arbeitslosigkeit erhält man Unterstützung vom Staat (vgl. Flemming 1986: 145)
[7] Zur Zeit des proletarisierten Lohnarbeiters waren es noch 80 bis 85 Stunden. (vgl. Schneider 1984: 78)

private Leben wird nun durch das Bild der partnerschaftlichen Kleinfamilie ersetzt (vgl. ebd.: 150), als auch dem Mann als Alleinverdiener und Versorger der Familie (Schmimank 2012: 2).

3. Der verbetrieblichte Arbeitskraftunternehmer

Bis heute herrscht der Typus verberuftlichte Arbeitnehmer des Fordismus fort und ist der am häufigsten anzutreffende Typus und wird nun nach der These von Pongratz, Voß nun zunehmend ersetzt. (vgl. Voß / Weiß 2009: 68). Die grundlegenden Elemente die dieser neue Typus vereint sind u.a. die entscheidenden Fähigkeiten zur Vermarktung der eigenen Arbeitskraft auf dem Markt, als auch die Selbstkontrolle bei der Ausübung seiner Arbeit, sowie der Verbetrieblichung der alltäglichen Lebensführung und die damit einhergehende Entgrenzung von Arbeit und privater Lebenswelt (vgl. Voß / Pongratz 1998: 131).

3.1 Selbst- vermarktung und Rationalisierung

Das Begriffskonzept „Arbeits-Kraft-Unternehmer" oder „Unternehmer ihrer Selbst" spiegelt die Idee hinter dem Typus wieder, dass sich die Personen regelrecht „selbst managen". Die Vermarktung und individuelle Selbsterfindung der Individuen, welche sich auf den Arbeitsmarkt begeben und dort ihre Arbeitskraft veräußern (vgl. ebd.: 133). Das „Unternehmen"[8] des Arbeitskraftunternehmers ist zweckgerichtet, denn es geht um die Organisation aller Aktivitäten in allen Dimensionen, als auch um eine

Technisierung und Effizienz und Verbesserung der Arbeitskraft (vgl. Voß 2001: 11). Zur Technisierung lässt sich sagen, dass die Verwendung kommunikativer Medien und die ständige Erreichbarkeit durch Smartphones und Tablets, E-Mail gar verpflichtend ist (vgl. Wieland 2000: 9). Ein zweiter Aspekt der aufgriffen wird ist, dass der Arbeitnehmer nun ein inner oder überbetrieblicher „Auftragnehmer" wird, was ebenfalls ein anderes Bild von der Marktsituation

---

[8] Nicht Betrieb nach dem gängigen Verständnis, sondern hier geht es um die Herstellung und Vermarktung eines besonderen Produkts: nämlich von Arbeitskraft (und zunehmend sogar von Arbeit selbst) im Rahmen der privaten Lebensführung (vgl. Voß 2001: 11)

und Risiken vermittelt (vgl. Voß / Pongratz 1998: 133), da zwar langfristig Vertrauensbeziehung zu Auftraggebern bestehen können, aber es sich meist nur um temporäre (also „befristete") Aufträge handelt (vgl. ebd.:150). Es lassen sich hier also gewissen Parallelen zum proletarisierten Lohnarbeiter ziehen, welcher ebenfalls im Kontext unsicherer Arbeitsmarktstrukturen tätig ist.[9] Der damalige vorhandene „Rohstoff"[10] Arbeitskraft wird nun zu einem höherwertigen Halbfertigprodukt" entwickelt, man bietet somit nicht nur seine Arbeitskraft als „Rohware" an, sondern da man sich stetig weiterbildet und sich selbst formt und kontrolliert, präsentiert man ein „veredeltes Vorprodukt", welches folglich individualisiert und somit kein „Massenwarenprodukt" ist[12] (vgl. Voß / Pongratz 1998: 150). In der Theorie des Arbeitskraftunternehmers gilt die komplette Ausrichtung des Lebens dem Beruf, der Arbeitskraftunternehmer befindet sich bzw. „sein Produkt", die Arbeitskraft" sein ganzes Leben in einem Optimierungsprozess (vgl. ebd.: 148).

3.2 Selbst-Kontrolle

Das zu Beginn angerissene Transformationsproblem wird im Kontext der Selbstkontrolle soweit interessant, da nun die Verantwortung, dass die Arbeitskraft auch in Arbeitsleistung transformiert wird, fast vollständig auf den Arbeitnehmer übertragen wurde (vgl. Pongratz, Voß 2004: 24 f.).

Das bedeutet, die Arbeitnehmer steuern und überwachen nun den Prozess der Umformung der eigenen Arbeitskraft in konkrete Arbeitsleistung vorwiegend selbst. Während in den vorrangegangenen Typen erst eine persönlich und später eine teilweise strukturelle Kontrolle stattfand, liegt nun die komplette Überwachung seiner Tätigkeit beim Arbeitskraftunter selbst (vgl. ebd.: 25). Es finden nun weniger direkte
Leistungskontrollen statt, sondern es werden eher z.B. „Deadlines" gesetzt an denen das fertige Leistungsprodukt erstellt werden muss (vgl. Voß / Pongratz 1998:141).

---

[9] Vgl. „hire and fire" Prinzip des proletarisierten Lohnarbeiters (vgl. Voß / Pongratz 1998: 150).
[10] Vgl. „rohe" Arbeitskraft des proletarisierten Lohnarbeiters (vgl. Voß / Pongratz 1998: 150)
[12] Vgl. Massenwarenprodukt des verberuflichten Arbeitnehmers. (vgl. Voß / Pongratz 1998: 150)

Es kann nun vorwiegend selbst entschieden werden wie, wo, wann die Arbeit verrichtet wird, nach dem Motto „wer die Arbeit macht kann auch entscheiden wie sie gemacht wird." (Davidow und Malone 1994: 180 oder s. hierzu vgl. Voß / Pongratz 1998:134), ein Grund für die Zunahme von neuen Arbeitsstrukturen (vgl. Wieland 2000: 9). Der Markterfolg wird somit zur Bedingung für Sicherheit und Aufstieg und stehen im Vordergrund und nicht der „Weg" dorthin.

3.3 weitere Anzeichen des Arbeitskraftunternehmeransatzes

Es lassen sich aufgrund der elementaren Veränderung der Beschaffenheit von Arbeit nun Veränderung der Arbeitsstrukturen feststellen.

Das Arbeiten in Projekten und Gruppenarbeitsformen wird immer populärer (vgl. Voß 2001: 5). Auch hoch flexibilisierte Arbeitszeiten („Vertrauensarbeitszeit", „Zeitkonten" „Gleitzeit", auch die Einlegung von Pause und „Selbstmotivierung" spielen hierfür eine Rolle, was die elementaren Aspekte der Selbstkontrolle verstärkt, da der Arbeitnehmer seine Arbeitszeiten selbst einteilen muss (vgl. Voß / Pongratz 1998: 140) Ein weiteres Merkmal betrifft die Standortfrage „wo" die Arbeit verrichtet wird, d.h etablieren sich. zunehmend Formen von Telearbeit wie "homeoffice" und Mobilarbeit.

(vgl. ebd.: 141). Die Subjektivierungsthese trägt eine Relevanz in Bezug auf den Arbeitskraftunternehmer, da zuvor ein standarisierter Massenarbeiter existierte und dieser sicher verändert hat und nun der Arbeitnehmer auch individuelle Merkmale, Fertigkeiten und Neigungen mitbringt und verwirklicht. Der überfachliche Austausch über betriebliche Fragestellungen, kann so unerkannte Leistungspotentiale wecken (vgl. ebd.: 141). Aufgrund der Verbetrieblichung der alltäglichen Lebensführung[11], als auch durch die „Mitnachhausenahme" der Arbeit in das private Leben durch Homeoffice und durch die Technisierung und der ständigen Erreichbarkeit, ist eine Veränderung des vorher strikt getrennten Ansatzes von Leben und Freizeit zu verzeichnen. Hier wird von Entgrenzung gesprochen (vgl. Mields 2008: 13). Es kommt auch zur Ver-

---

[11] Gemeint ist hier die Planung des Alltages und Lebensführung zur Optimierung der Ware der Arbeitskraft vgl. Pongratz, Voß 1998: 150)

änderungen der Lebensstile, welche vermehrt individualisiert werden und variablen Arrangements zwischen Familie, Freizeit und der Arbeit (vgl. Voß / Pongratz 1998: 150).

4. Folgen des Arbeitskraftunternehmers als neuen Leittypus und Kritik

Da durch die Transformation der Großteil der Organisation von Arbeit beim Arbeitnehmer liegt, kommt es vermehrt zu Überbelastungen. Die Folgen sind meist Depression oder gar der „Burnout" (vgl. Voß 2010: 27).
Es kommt des Weiteren immer mehr zur Erosion von Normalarbeit und der Auflösung von Flächentarifverträgen (vgl. Voß / Pongratz 1998: 136). Die Zunahme von flexibilisierte Arbeits- und Beschäftigungsformen wie Zeitarbeit und Outsourcing[12] sind die Folge. Auch meist die „temporäre", befristete Beschäftigung birgt gewisse Risiken, auch wenn die neuen „digitalen" Arbeitsmärkte[13] den Eindruck vermitteln, dass es immer ein „noch besseres" *Auftrags*angebot geben könnte und der Wechsel von Auftraggebern und Aufragnehmern ein Leichteres ist (vgl. Voß / Pongratz 1998: 150). Es gibt wie immer Gewinner und Verlierer (vgl. Voß 2010: 17). Die grundlegende Kritik die am Modell des Arbeitskraftunternehmers vorherrscht ist, ob die grundlegenden wandelnden Strukturen die dort beschrieben worden, in der betrieblichen Praxis tatsächlich feststellbar sind. Beispielsweise sei die Fähigkeit die eigene Arbeitskraft zu managen ein grundlegendes Merkmal der kapitalistischen Gesellschaft ist und somit nichts Neues. Es ist zweifelhaft, ob hier von einem grundlegend neuen Sozialtypus gesprochen werden darf und ob die Figur des Arbeitskraftunternehmers mittel- bis langfristig überhaupt durchsetzungsfähig ist, ist ebenfalls ein Kritikpunkt (vgl. Strauß 2002: 46 f)[14].

5. Fazit

Abschließend lässt sich sagen, dass der Ansatz des Arbeitskraftunternehmers plausible Merkmale für seine Existenz. Auch der Kritik ist zur widersprechen,

---

[12] Organisationsform, bei der ein Unternehmen komplette Arbeitsbereiche oder Teile davon an eine Fremdfirma auslagert, um Kosten zu sparen (vgl. Voß 2001:7)
[13] Internetportale wie Xing, Monster etc. (vgl. Voß / Pongratz 2001:141)
[14] In Bezug auf die stetig temporäre Beschäftigung und Ihre Risiken (vgl. Strauß 2002: 46 f.).

da es hierbei um eine Typologisierung, d.h. ein gesellschaftliches Konstrukt zu definieren und so nicht für jeden individuellen Fall alle Merkmale wiederzufinden sind.

Es sind grundlegende historische Veränderungen feststellbar von denen man einen Wandel ablesen kann. Es lässt sich jedoch darüber streiten, wie lange nun noch der verberuftlichte Arbeitnehmer und der verbetrieblichte Arbeitskraftunternehmer koexistieren werden bis der Arbeitskraftunternehmer vollständig zu einem dominanten Leittypus wird.

Fakt ist, dass die Veränderung die der Wandel mit sich bringt besorgniserregend ist, da die Folgen wie Depression und Burnout vermehrt zu den verbreitetsten Volkskrankheiten mutieren. Natürlich lässt sich dem Wandel auch vieles Positives abgewinnen, da sich nun neue Gestaltungsmöglichkeiten eröffnen und die Beschaffenheit von Arbeit variiert.

Literatur

Davidow, William H. / Malone, Michael S. (1994): Das virtuelle Unternehmen. Der Kunde und der Produzent. Frankfurt am Main: Campus Verlag.

Elster, Frank (2007): Der Arbeitskraftunternehmer und seine Bildung. Zur berufspädagogischen Sich auf die Paradoxien subjektivierter Arbeit. Bielefeld: transcript Verlag.

Flemming, Jens 1986: „…von Jahr zu Jahr ein Sorgen und Bangen ohne Ende" Einkommen, Lohn, Lebensstandard. In: Ruppert, Wolfgang (Hrsg.): Die Arbeiter. Lebensformen, Alltag und Kulturen. München: Verlag C.H. Beck, S. 137 – 145.

Lohr, Karin / Nickel, Hildegard Maria (2009): Vorwort. In: Lohr, Karin / Nickel, Hildegard Maria (Hrsg.): Subjektivierung von Arbeit. Riskante Chancen. Westfälisches Dampfboot, S. 7-17.

Marx, Karl (1998): Das Kapital. Kritik der politischen Ökonomie. 35. Aufl., Berlin: Dietz Verlag GmbH.

Mückenberger, Ulrich (1985): „Die Krise des Normalarbeitsverhältnisses. Hat das Arbeitsrecht noch Zukunft?", Zeitschrift für Sozialreform 31 (7): S. 415-434.

Mields, Just (2009): Entgrenzungserleben und Entgrenzungen von Arbeit. Das neue Verhältnis zwischen Mensch und Organisation aus sozialpsychologischer Sicht. Hamburg: Dr. Kovač Verlag.

Minssen, Heiner (2000): Entgrenzungen- Begrenzungen. In: Minssen, Heiner (Hrsg.): Begrenzte Entgrenzungen. Wandel von Organisation und Arbeit. Berlin: rainer bohn verlag, S. 7-15.

Pongratz, Hans J./ Voß, Günter G. (2004): Arbeitskraft und Subjektivität. Einleitung und Stellungnahme aus Sicht der Arbeitskraftunternehmer-These. In: Pongratz, Hans J./ Voß, G. Günter (Hrsg.): Typischer Arbeitskraftunternehmer? Befunde der empirischen Arbeitsforschung. Berlin: edition sigma, S. 7-31.

Schimank, Uwe (2012): Vom „fordistischen" zum „postfordistischen" Kapitalismus, http://www.bpb.de/politik/grundfragen/deutsche-verhaeltnisse-einesozialkunde/137994/vom-fordistischen-zum-postfordistischen-Voß, G. kapitalismus?p=all, S. 1-3, zuletzt aufgerufen am 04.03.2017

Schneider, Michael (1984): Der Kampf um die Arbeitszeitverkürzung von der Industrialisierung bis zur Gegenwart. In: Gewerkschaftliche Monatshefte, Jg.35 (2), S. 77-89.

Strauß, Jürgen 2002: Der unfertige Arbeitskraftunternehmer. In: Kuda, Eva/ Strauß, Jürgen (Hrsg.): Arbeitnehmer als Unternehmer? Herausforderungen für Gewerkschaften und berufliche Bildung. Hamburg: VSA-Verlag, S. 46 – 55.

Voß, Günter G. / Weiß, Cornelia (2009): Ist der Arbeitskraftunternehmer weiblich? In: Lohr, Karin / Nickel, Hildegard Maria (Hrsg.): Subjektivierung von Arbeit. Riskante Chancen. Westfälisches Dampfboot, S. 65-92.

Voß, Günter G. / Pongratz, Hans J. (1998): Der Arbeitskraftunternehmer. Eine neue Grundform der Ware Arbeitskraft? In: Kölner Zeitschrift für Soziologie und Sozialpsychologie. Jg.50 (1), S. 131-158.

Voß, Günter G. (2001). Der Arbeitskraftunternehmer. Ein neuer Typus von Arbeitskraft und seine sozialen Folgen. In H. Reichold/ A. Löhr/ G. Blickle (Hrsg.), Wirtschaftsbürger oder Marktopfer? Neue Beschäftigungsverhältnisse - ein Risiko für Gesellschaft, Recht und Ethik? (dnwe Schriftenreihe, Folge 8). Mering, München: Hampp Verlag, S. 15-32.

Voß, Günter G. (2010): Auf einen Weg zu einer neuen Verelendung? Psychosoziale Folgen der Entgrenzung und Subjektivierung von Arbeit. In: Zeitschrift für Bürgerrechte und Gesellschaftspolitik Jg. 49 (3), S. 27-37.

Weber, Max (1968): Idealtypus, Handlungsstruktur und Verhaltensinterpretation. In den Methodologische Schriften. Frankfurt am Main: Fischer, S. 65-167.

Wieland, Rainer: Vorwort. In: Wieland, Ranier / Scherrer, Karin (Hrsg.): Arbeitswelten von Morgen. Neue Technologien und Organisationsformen, Gesundheit und Arbeitsgestaltung, flexible Arbeitszeiten und Beschäftigungsmodelle, S. 9-11.

BEI GRIN MACHT SICH IHR WISSEN BEZAHLT

- Wir veröffentlichen Ihre Hausarbeit, Bachelor- und Masterarbeit

- Ihr eigenes eBook und Buch - weltweit in allen wichtigen Shops

- Verdienen Sie an jedem Verkauf

Jetzt bei www.GRIN.com hochladen und kostenlos publizieren